AF231126

I⁴h
1030

# LA
# CONTRE - GUERILLA FRANÇAISE
## SUR LES HAUTS PLATEAUX
### ET DANS
## L'ÉTAT DE NUEVO-LEON

# LA
# CONTRE-GUERILLA

## FRANÇAISE

## SUR LES HAUTS PLATEAUX

### ET DANS

## L'ÉTAT DE NUEVO-LEON

### (AVRIL 1865)



VERSAILLES

IMPRIMERIE DE E. AUBERT

6, avenue de Sceaux.

1871

# LA
# CONTRE - GUERILLA FRANÇAISE

## SUR LES HAUTS PLATEAUX

### ET DANS

## L'ÉTAT DE NUEVO-LEON

#### Avril 1865 (1)

I

Le 10 avril 1865, la contre-guerilla française, cette troupe irrégulière, œuvre de quelques chefs aussi hardis partisans qu'habiles organisateurs, arrivait à San-Luis-de-Potosi sous les ordres du colonel d'état-major Du Pin qui en avait le commandement depuis bientôt trois ans.

C'était lui qui l'avait augmentée considérablement et définitivement organisée, et qui venait enfin de la

(1) Voir la *Revue des Deux-Mondes.*

conduire à la victoire au rude et mémorable combat de San-Antonio.

Depuis près de deux ans, la contre-guerilla, opérant seule dans le Tamaulipas, avait conquis cette vaste et importante province à l'empire de Maximilien. Sans autres ressources que celles qu'il avait su se créer lui-même, le colonel Du Pin avait fait de sa bande de partisans un véritable petit corps d'armée. Les nombreux dissidents et les vaillants guerilleros des terres chaudes du golfe avaient vu le terrain que depuis longtemps ils croyaient inviolable, parcouru en tous sens par des colonnes légères françaises et mexicaines. Tampico et Victoria, solidement occupés, étaient devenus des lieux de ravitaillement où les divers officiers de la contre-guerilla et les colonels Prieto, commandant la guerilla mexicaine de Tampico, Llorente et Larumbide, commandant des brigades impériales, venaient se reposer et chercher des vivres et des munitions pour repartir ensuite et poursuivre sans relâche de San-Fernando à Tuxpan, de Huexutla, le centre de la Huasteca, à Linares, les bandes des partisans juaristes Antonio Carbajal, Pedro Mendez, Cortina, Ugalde et leurs lieutenants.

Cet état prospère, cette sorte de pacification du Tamaulipas, avait donné au commandant en chef de notre expédition du Mexique l'idée de remplacer, à Tampico et à Victoria, les partisans français par des troupes régulières et d'employer la contre-guerilla, qui comptait une nombreuse et bonne cavalerie d'avant-garde, à précéder et à éclairer l'expédition que l'on préparait alors vers le nord de l'empire. Cette expédition devait avoir pour but de détruire les derniers restes de l'armée républicaine, de forcer Juarez à passer le Bravo-del-Norte et à vider le territoire mexicain, de parcourir enfin les vastes provinces du nord de Chihuahua, de Sonora et de Sinaloa, encore sous la dominätion de l'ex-président.

Le colonel Du Pin, fatigué par cette existence dévorante du contre-guerillero que, depuis trois ans, il menait de front avec les sollicitudes et les préoccupations sans nombre du gouvernement du Tamaulipas, dont il était investi, s'était décidé à demander à revoir la France et à être relevé pendant quelques temps dans sa rude tâche. Il amenait sa troupe à San-Luis, pour se rendre de là, de sa personne, à Mexico et en Europe.

En attendant l'arrivée du bataillon d'infanterie légère d'Afrique, qui devait occuper le Tamaulipas au lieu et place de la contre-guerilla, il avait laissé son dépôt et ses magasins à Tampico sous la forte protection d'une compagnie d'infanterie de près de 200 hommes de sa troupe, d'une canonnière française et d'une garnison indigène. Victoria avait été remis aux mains du colonel Larumbide, commandant une brigade de la division du général impérialiste Méjia, et les points importants de Tancasnéqui, l'entrepôt du commerce de San-Luis, par le fleuve Tamési et de Tula, avaient été occupés par des garnisons de la contre-guerilla mexicaine du colonel Prieto, formée et organisée par le colonel Du Pin, et sous ses yeux, avec le concours de sous-officiers français. Tula avait reçu, en outre, un renfort de quelques compagnies de sapeurs du génie mexicains.

Le maréchal Bazaine, dans la pensée qui avait dicté l'appel de la contre-guerilla sur les plateaux pour s'en servir comme corps d'avant-garde de l'expédition projetée, avait pourvu au remplacement du colonel Du Pin en envoyant à San-Luis, pour prendre le commandement de sa troupe, le jeune capitaine Michel Ney, duc d'Elchingen, des chasseurs d'Afrique, petit-fils de l'illustre maréchal et déjà bien connu lui-même comme un brillant et bouillant officier de cavalerie légère, aux idées hardies, à la bravoure éprouvée.

En lui remettant ce beau commandement, le colonel Du Pin plaçait sous les ordres du jeune officier une troupe aguerrie et rompue à toutes les fatigues de plus de cinq cents hommes, tous Français ou Européens à très peu d'exception près. Elle se composait de deux escadrons de cavalerie de cent chevaux chacun ; de deux compagnies d'infanterie, d'une section de sapeurs montés, fantassins d'élite pourvus d'un cheval ou d'un mulet pour deux hommes et destinés à accompagner la cavalerie dans ses plus longues courses et à parcourir au besoin vingt-quatre lieues en vingt-quatre heures ; d'une section d'artillerie de deux canons rayés de montagne et d'une section d'ambulance.

Après une grande et longue revue, qui permit à l'intendant de vérifier la comptabilité et de nombrer hommes et chevaux, le colonel fit au capitaine Ney la remise solennelle du commandement, et une ère nouvelle commença pour la contre-guerilla (1).

C'est l'histoire de ses opérations, de ses combats sur les hauts plateaux et dans les provinces du nord de Coahuila, de Nuevo-Leon et sur les bords du Rio-Bravo que nous avons entrepris de raconter succinctement. Cette période est exactement marquée par l'intervalle compris entre le jour de la prise de possession du commandement par le capitaine Ney, à San-Luis, le 10 avril 1865 et le 3 novembre de la même année, jour où le commandant Ney d'Elchingen quitta définitivement à Matehuala la direction de sa troupe qui reçut l'ordre de se porter de ce point sur Tula, sous les ordres de son commandant en second le capitaine de Montaut-Brassac, pour rentrer dans le Tamaulipas en feu et révolutionné de nouveau dans toute son étendue.

Le corps d'officiers de la contre-guerilla avait

(1) Voici en quels termes le capitaine Ney, dans un ordre du corps en date du 12 avril, annonçait à la contre-guerilla qu'il en avait pris le commandement : « Le capitaine Ney d'Elchingen, en prenant le magnifique commandement que lui a légué M. le colonel Du Pin, croirait manquer à la justice en ne le remerciant pas devant sa troupe et par la voie de l'ordre. « Soldats, appelé à « votre tête par la confiance du maréchal, je saurai me rendre « digne d'un pareil honneur. Avec des hommes comme vous, la « tâche est facile. Votre aspect martial m'a frappé lorsque je vous « ai vus pour la première fois. Je vous connais déjà par le bruit « de vos exploits; espérons que bientôt nous nous verrons sur le » champ de bataille; c'est là surtout que les soldats apprennent à « se connaître! Marchons unis vers un seul but, celui de la gloire « de la France, et prenons pour devise ces deux mots : *discipline* « *et bravoure*, avec cela nous serons invincibles! — San-Luis de « Potot, 12 avril 1865. »

éprouvé de nombreuses pertes dans la guerre du Tamaulipas. Le feu de l'ennemi, qui en avait couché six à terre au seul combat de San-Antonio, avait été aidé dans son œuvre de destruction par le vomito et les fièvres des terres chaudes. Il fallait pourvoir au commandement des escadrons et compagnies, et le maréchal avait envoyé à San-Luis, en même temps que le capitaine Ney, un renfort de cinq officiers de différentes armes. Le capitaine de Montaut, des chasseurs d'Afrique, avait pris le commandement en second du corps. Les escadrons de cavalerie avaient pour chefs les lieutenants Isabey, des chasseurs d'Afrique et de Ezpeleta, du 2ᵉ chasseurs à cheval de France. Les compagnies étaient commandées : 1° la 1ʳᵉ (laissée à Tampico) par le lieutenant Vallée, du 2ᵉ zouaves ; la 2ᵉ par le lieutenant de Goltstein, des chasseurs à pied. Des sous-officiers de l'armée, commissionnés sous-lieutenants par S. Exc. le maréchal commandant en chef, remplissaient dans les compagnies et escadrons les fonctions de lieutenants et commandaient au besoin ces fractions ; choisis d'une manière spéciale, vivant depuis longtemps de cette vie d'officiers de partisans, tous intelligents et braves au-delà de toute expression et en ayant donné de nombreuses preuves, ces sous-lieutenants commissionnés ont rendu à la contre-guerilla les meilleurs, les plus beaux services. L'un d'eux, M. Landriau, commandait la section d'artillerie ; deux autres, MM. Sudric et Veyret, remplissaient les fonctions d'adjudants-majors d'infanterie et de cavalerie. L'ambulance était aux ordres de M. le médecin-major Thomas. Un sous-lieutenant du 1ᵉʳ de zouaves, M. Verguet, remplissait les fonctions délicates et difficiles de trésorier de cette troupe qui consommait tant d'argent, vivait sur les pays qu'elle occupait, y prenait les fonds qui lui étaient nécessaires et inspirait cependant aux crésus mexicains une aveugle confiance, grâce à la garantie de la France. M. Daumont, sous-lieutenant commissionné, était officier d'habillement et de détails. L'état-major comprenait, en outre, un interprète et un vétérinaire.

## II

Il y avait à peine quelques jours que la contre-
guerilla se reposait à San-Luis de ses anciennes fatigues et se préparait à en supporter de nouvelles,
quand un événement aussi soudain qu'inattendu vint
mettre le trouble dans les projets d'expédition et
donner même un instant des craintes sérieuses à
San-Luis et surtout à Matamoros. Reprenons les évé-
nements d'un peu plus haut.

Depuis l'expédition du général de Castagny, à
l'automne de 1864, les villes importantes de Saltillo
et de Monterey, capitales des Etats de Coahuila et de
Nuevo-Leon avaient reconnu l'empire mexicain, et
des garnisons respectables de troupes indigènes, sous
les ordres des généraux Olvera et Florentino Lopez,
y représentaient le pouvoir de Mexico. Le port im-
portant de Matamoros était aussi occupé par des
forces mexicaines, et le général de division Thomas
Mejia, commandant des troupes et des départements
du Nord-Est pour l'empereur Maximilien, y avait
son quartier-général. Le général Cortina (1), tour à
tour soumis et révolté, mais à cette époque en rébel-
lion ouverte, avait été rejeté sur le territoire du

_______

(1) On sait avec quelle facilité on devient général au Mexique.

Texas. A part quelques bandes errantes , quelques districts insoumis, tout ce pays pouvait être considéré comme pacifié, lorsqu'on apprit tout à coup que le général Negrete , commandant en chef l'armée juariste, alors confinée en Durango et en Chihuahua, et ministre de la guerre du président déchu , venait de faire, aidé des chefs républicains Aguirre , Escobedo, Trevino et autres réunis à lui, une pointe audacieuse vers le Nord-Est occupé exclusivement, comme nous l'avons dit, par des forces mexicaines. Lopez et Olvera, en se retirant sur Matamoros, avaient déjà laissé inoccupées les villes de Saltillo et de Monterey qui étaient tombées au pouvoir de l'ennemi. Quelques jours encore, et l'on apprenait aussi la marche de l'armée de Negrete , forte de plus 6,000 hommes, sur Matamoros, et le siége de cette place, si brillamment défendue d'ailleurs par le général Mejia qui força bientôt son adversaire à lever le camp et à se retirer sur Monterey. Le temps pressait, le Tamaulipas remuait, toute cette partie du Mexique allait nous échapper : des mesures énergiques furent prises, et bientôt deux colonnes françaises s'avançaient vers Saltillo, l'une sous les ordres du général Brincourt, par Nazas et Parras; l'autre commandée par le colonel Jeanningros, par San-Luis et Matehuala. La contre-guerilla dut précipitamment quitter San-Luis, le 23 avril, pour servir d'avant-garde à cette dernière, composée de deux bataillons de la légion étrangère, d'un escadron du 1er régiment de chasseurs d'Afrique et de quatre pièces d'artillerie.

Venado, Matehuala, Vanegas, Salado, Encarnacion furent successivement occupés par le corps de partisans à mesure que s'avançait le reste de la colonne réunie à grand'peine et à marches forcées. La contre-guerilla était pour ainsi dire à ce moment le rideau, inquiétant l'ennemi, derrière lequel se formait la petite troupe expéditionnaire.

Negrete avait dû renoncer à la prise de Matamoros, grâce à la vigueur du général Méjia ; il était revenu sur Monterey, nous l'avons dit, et pressurait cette riche province de Nuevo-Leon quand il apprit le mouvement convergent des colonnes Brincourt et Jeanningros sur Saltillo. Une sortie de Matamoros, si elle eût été possible, opérée en ce moment par Méjia, eût placé le chef juariste entre trois feux.

Longtemps Negrete hésita à prendre un parti ; son humeur belliqueuse finit par lui conseiller la défense. Il fortifia solidement le défilé de l'Angostura, en avant de Saltillo sur la route de San-Luis, le même qui vit le sanglant combat de 1847 entre les Américains et les Mexicains de Santa-Anna : il s'y établit avec toutes ses forces et comptait sur des débordements de rivières qui devaient arrêter longtemps, et retardèrent en effet de quelques jours le général Brincourt dans sa marche sur Parras ; il espéra y combattre et y vaincre la faible colonne du colonnel Jeanningros et de la contre-guerilla.

Il y avait déjà quelques jours que cette colonne, campée à San-Juan de la Vaqueria, à quatre ou cinq lieues de l'Angostura, escarmouchait quotidiennement avec les juaristes et attendait des nouvelles de la colonne Brincourt qui s'approchait pour attaquer la position de l'ennemi en même temps qu'elle, d'après les ordres du maréchal, quand le colonel Jeanningros résolut, le 2 juin, de pousser une reconnaissance offensive jusque sous le feu des redoutes mexicaines. Il voulait se rendre un compte exact des positions que nous devions avoir probablement mission d'enlever de front quelques jours plus tard pendant que la brigade Brincourt, forte de 1,500 hommes environ, les prendrait à revers et couperait la retraite à l'ennemi.

Une petite colonne légère et choisie, composée de l'infanterie de la contre-guerilla, de deux compagnies d'élite de la légion, de trois escadrons de cavalerie et de deux pièces, sortit au matin du camp de San-Juan Vaqueria, refoulant les éclaireurs de la cavalerie ennemie jusqu'au *rancho de la Encatada*, à l'entrée du défilé de l'Angostura, et s'avançant ensuite dans ce défilé couverte par de nombreux plis de terrain et précédée par ses tirailleurs. Elle parvint ainsi jusqu'à deux cents mètres des ouvrages ennemis que le colonel Jeanningros, le capitaine Achelli et les autres officiers de son état-major reconnurent à fond et dans lesquels 4,000 hommes cachés et massés, sous la protection de plus de vingt pièces de canon, s'attendaient à une attaque de vive force et nourrissaient l'espoir d'un beau triomphe, grâce à notre petit nombre (1).

(1) Trois cents hommes environ d'infanterie.

Cette attaque de vive force, il eût été téméraire de la tenter, quoique dans l'opinion de beaucoup d'entre nous elle eût pu réussir ; mais les ordres du général en chef s'y opposaient formellement ; on y eût d'ailleurs perdu beaucoup de monde, et le résultat en eût été beaucoup moindre que celui que l'on espérait de la rencontre des diverses colonnes à Saltillo, coupant à Negrete toute retraite facile et l'obligeant à combattre dans de mauvaises conditions ou à se rendre.

La reconnaissance terminée, les positions de l'ennemi relevées, on battit donc lentement en retraite sous la protection d'une forte ligne de tirailleurs de la contre-guerilla, qui fut bientôt saluée par une salve de boulets et d'obus et assaillie par une nuée de cavaliers juaristes que les balles de nos carabines avaient peine à maintenir à distance respectueuse. Quelques obus rayés jetés dans leurs masses et leurs réserves les calmèrent cependant ; arrivés à la Encantada, ils cessèrent de nous suivre, et la petite colonne rentra paisiblement à son camp, n'ayant eu que deux hommes légèrement blessés et deux chevaux tués. Les pertes de l'ennemi, sans être considérables, avaient été plus sensibles.

Le but du colonel Jeanningros était d'ailleurs complétement atteint ; on savait comment s'y prendre pour attaquer et tourner les redoutes et les batteries ennemies lorsque le moment en serait venu, et cette petite opération avait encore eu pour résultat excellent d'augmenter la confiance orgueilleuse et la jac-

tance de l'ennemi. Le soir même de notre reconnaissance, il faisait courir dans les rues de Saltillo la
nouvelle d'une bataille sanglante et le bulletin de
leur victoire sur les troupes franco-mexicaines.

Mais Negrete savait exactement à quoi s'en tenir
et ne se laissa pas gagner par l'exaltation gé-
nérale.

Le lendemain de la reconnaissance des positions
de l'Angostura, le général Brincourt, arrivé enfin à
Patos, se mettait en communication avec le colonel
Jeanningros dont toute la colonne quittait le camp le
7 juin avant le jour pour attaquer définitivement cette
fois les retranchements ennemis.

Les dernières patrouilles et les espions avaient
encore signalé l'ennemi immobile la veille au soir.
Nos soldats étaient joyeux et gais comme ils le sont
quand on leur promet une bataille longtemps cher-
chée ; on allait enfin les *tenir*, comme ils disaient
dans leur langage pittoresque, et leur faire passer un
mauvais quart d'heure ; et puis l'on coucherait le soir
à Saltillo, à l'abri, au lieu de rentrer à l'ingrat
bivouac de San-Juan où l'on commençait à manquer
de tout ; on donnerait la main aux camarades de la
colonne Brincourt ; on pillerait aussi un peu les bagages de Negrete et le vin de Parras, renommé dans
le pays, coulait à flots dans l'imagination de nos
contre-guerilleros et des braves Allemands de la
légion ! Leur espoir devait, hélas ! être de courte
durée.

Après une vive discussion dans le conseil des chefs

juaristes, ils s'étaient décidés à se séparer sans combattre.

Trivido et Escobedo s'étaient jetés avec leur cavalerie sur Galeana et Negrete avec le reste de l'armée,
et toute son artillerie avait évacué à minuit la position
de l'Angostura. A quatre heures du matin, il traver-
sait Saltillo et prenait précipitamment la route déserte
de Monclova; à neuf heures, ses derniers fourgons
évacuaient la ville où la colonne Jeanningros entrait
à midi, par un temps affreux, après une marche longue
et désespérante, au milieu de ce défilé abandonné de
l'Angostura où l'on n'avait trouvé que quelques dé-
serteurs et traînards, un canon encloué et deux ou
trois voitures brisées. Bientôt arrivait de son côté le
général Brincourt.

La poursuite fut aussitôt décidée. A neuf heures
du soir les troupes étaient reposées, et pendant que
le général retournait couper à Negrete le chemin de
Nazas, le colonel se mettait en route avec une colonne mobile formée de la contre-guerilla, d'un bataillon du régiment étranger, de la cavalerie et de
quatre pièces d'artillerie, laissant ses bagages sous la
protection d'un bataillon d'infanterie, à Saltillo, dont
M. de La Hayrie était nommé commandant supérieur.

Jamais troupe indienne ne marcha avec plus d'ar-
deur sur la piste de son ennemi que la petite colonne
que le colonel Jeanningros entraîna, pour ainsi dire
au pas de course, sur la route de Monclova, le soir
du 7 juin 1865 ! — Un escadron de la contre-guerilla,

celui des pelisses rouges, avec le capitaine Ney en tête, servait d'avant-garde ; venait ensuite le reste de la cavalerie, les partisans à pied, l'artillerie et enfin le bataillon du commandant Saussier.

A La Capellania on enlève un poste de cavaliers d'Aguirre ; plus loin on entre dans les montagnes qui mènent à Mesillas ; et le 8 juin, à six heures du matin, en débouchant sur le petit plateau de Yerba-Buena, qui marque assez bien le point milieu du passage de la montagne, le capitaine Ney, dont l'escadron a pris environ 2 kilomètres d'avance sur la colonne, aperçoit l'arrière-garde de Negrete composée du régiment de *lanceros de Mejico* qui fait halte au petit rancho. Il n'a avec lui que 80 chevaux, l'ennemi compte plus de 300 lances : un moment d'hésitation peut être funeste ; attendre la colonne c'est donner à l'ennemi le temps de s'échapper ! La charge est aussitôt commandée, et quelques minutes après 75 cadavres mexicains jonchent le sol, le régiment est en fuite, et le capitaine Ney, dont le sabre est rouge de sang, car il a donné le premier dans la mêlée, vient annoncer au colonel, qui arrive à son tour sur le plateau, le brillant succès de son 1er escadron. On marchait depuis près de dix heures, l'infanterie était exténuée, le repos fut ordonné.

Cette halte durait depuis longtemps : le colonel allait et venait, interrogeant officiers et soldats, s'informant si ces derniers étaient reposés, s'ils pouvaient repartir et continuer à marcher jusqu'au soir. Que lui répondit-on sur l'état des animaux, la fatigue des soldats du bataillon du régiment étranger qui formait le gros de notre infanterie? je l'ignore. Ce que je sais bien, c'est que les contre-guerilleros à pied ne demandaient qu'à aller de l'avant. Les bagages de Negrete, son artillerie, devaient être à peine à Mesillas, à cinq ou six lieues plus loin, fuyant avec une précipitation, un désordre que les échappés du combat de Yerba-Buena avaient dû augmenter encore en racontant leur défaite et notre approche. Dans bien des esprits, ce jour-là, s'arrêter et rétrograder était une faute : ce fut cependant le parti auquel on s'arrêta.

C'est surtout à la guerre que l'art est aussi difficile que la critique est aisée. Les critiques ne savent pas toujours d'ailleurs ce que sait celui qui commande, la responsabilité ne les influence pas, et tel qui a toujours été, lorsqu'il était en sous-ordre, un apôtre des décisions hardies, devient lui-même à son tour, le jour où il est pourvu du commandement, un chef timide et indécis. Le colonel reçut-il des ordres du général Brincourt? Apprit-il que plus loin, dans les défilés de la montagne, quelques fantassins bien commandés pouvaient arrêter sa colonne fatiguée ou lui faire subir tout au moins des pertes sérieuses? Sut-il, comme on nous le dit alors, que l'eau manquait complétement à Mesillas; que les libéraux avaient tari ou corrompu celle qui s'y trouvait et qu'en y arrivant enfin, après avoir fait faire à sa troupe vingt-quatre lieues en trente-six heures, il y verrait ses hommes et ses chevaux mourant de soif,

exténués, à la vue même des canons ennemis fuyant
sur Bajan et Monclova en toute sûreté alors, grâce
à notre état d'anéantissement? Tout cela était certes
bien à considérer et devait, à ce moment-là surtout,
avoir la plus grande valeur aux yeux de notre chef.
Ces réflexions, je dois le dire, nous furent d'ailleurs
bien nécessaires aussi pour nous consoler de la perte
des pièces ennemies qui, nous le sûmes plus tard,
restèrent quarante-huit heures abandonnées à Mesillas, tant la panique fut grande dans l'armée de Negrete après la nouvelle de la rencontre d'Yerba-
Buena!

Nous couchâmes le 8 juin à Molino-Viejo, et le 9,
à midi, nous rentrions à Saltillo.

Le combat d'Yerba-Buena, où nos pertes furent
pour ainsi dire nulles, grâce à la vigueur de l'attaque, est une des belles pages de cette campagne du
. Nord. Beaucoup de cavaliers ennemis, attaqués avec
notre furie française traditionnelle, n'eurent pas le
temps de monter à cheval et furent tués à terre ;
d'autres s'enfuirent sans combattre, en jetant leurs
armes ; quelques-uns seulement, dociles à la voix de
leurs chefs, se réunirent en peloton compact, firent
une décharge sur les assaillants, et les attendirent de
pied ferme la lance en arrêt ; les cavaliers rouges
firent là, dans ce groupe, de nombreuses victimes (1).

(1) Le capitaine Ney, le lieutenant commandant d'escadron
Isabey, les sous-lieutenants Veyret et Truel, les maréchaux-des-
logis Rouy et Glachant, les brigadiers Cangue, Baccarat, Batta-
glini, le trompette Cartas, les cavaliers Moll, Ferrand, Ruch de
Schel, Versini, l'adjudant Deymès se distinguèrent entre les plus
braves.

Le colonel commandant la colonne expéditionnaire et le maréchal commandant en chef ensuite félicitèrent chaudement le 1ᵉʳ escadron de la contre-guerilla française pour sa belle conduite et son brillant succès au combat de Yerba-Buena.

## III

L'occupation de Saltillo, la fuite de Negrete, la défaite de son arrière-garde, nous ouvrirent de suite les portes de Monterey. Le commandant de La Hayrie y vient installer un bataillon de la légion étrangère pendant que l'autre gardait Saltillo, et que la contreguerilla occupait sur la route qui relie ces deux villes le bourg de Santa-Catarina, d'où l'on pouvait facilement et en quelques heures se porter sur Monterey, sur la route de Monclova, à l'hacienda de Santa-Maria et à Saltillo même si besoin en était.

Quelques jours plus tard, le colonnel Jeanningros faisait son entrée solennelle à Monterey, y prenait le commandement supérieur, y réinstallait les autorités et poussait la contre-guerilla à Cadereyta-Jimenez, sur la route de Matamoros, dans le but de couvrir la capitale de Nuevo-Leon et de donner la main au général Méjia aussitôt que faire se pourrait.

Le commerce demandait avec instance le rétablissement des communications interrompues depuis longtemps avec le port de Matamoros et surtout l'arrivée d'un convoi de marchandises dont les magasins étaient encombrés à l'entrepôt maritime et dont on manquait si bien à Monterey, qu'entre ces deux villes, séparées par soixante ou soixante-dix lieues seulement, les prix des objets de consommation journalière différaient dans les proportions les plus exagérées. Ces vœux des négociants de Monterey furent bientôt exaucés en partie. Le général Méjia fit partir de Matamoros un convoi considérable escorté par la brigade du colonel mexicain Tinajero, aussitôt que le permit l'arrivée des premières pluies. Il vint porter l'abondance là où la disette menaçait de régner.

Que devenait le général Negrete et les débris de son armée? On fut longtemps à l'apprendre. La dispersion des bandes réunies à lui s'était cependant opérée avec ordre. Chaque petit chef avait reçu en s'éloignant un quartier particulier à exploiter. Escobedo, dont la troupe assez nombreuse s'était retirée sur Galeana, unie primitivement à celle de Trevino (un enfant de Cadereyta), avait été pourvu du commandement en chef des *armées républicaines* en Nuevo-Leon. Chassé de son territoire par la force des circonstances, espérant aussi peut-être révolutionner les districts de Valle de Purissima, Matehuala et San-Luis, attiré par les mines et l'hôtel des monnaies de Catorce, il descendit hardiment vers le sud et se fit battre successivement par le colonel Lafaille, le lieutenant-colonel de Courcy et le commandant Delloye autour de San-Luis, de Rio-Verde et de Matehuala. Il revint plus tard vers le nord, à la suite de tous ces insuccès. Trevino s'éloigna moins de sa patrie et resta auprès de Cadereyta et de Montemorelos dont les districts lui étaient échus en partage. Sa bande, composée de quatre cents cavaliers environ, nous inquiéta quelquefois et devint une de nos connaissances particulières. Dario Garcia commandait la bande de China ; Salvador de la Cabada celle de Marin, Cerralvo et Agualegas. Cortina tenait toujours les bords du fleuve et les environs de Matamoros ; il habitait tranquillement à Brownsville, sur la rive texienne. Canales commandait le nord du Tamaulipas. Quant au pays compris entre Linares et Victoria, il était le théâtre des exploits de don Pedro Mendez, ranchero de Villagran, colonel républicain, brigand des plus terribles, assassin et voleur de profession, dont on ne prononçait le nom qu'avec effroi. Les districts au nord de Monterey avaient été affranchis de la présence des puissances juaristes, grâce à l'établissement à Salinas-Victoria, de la troupe impérialiste dite *Rurales-de-Nuevo-Leon*, que commandait le colonel Quiroga. Quant au nord du Coahuila, il était toujours occupé par les restes de l'armée républicaine, affaiblie par toutes ces dispersions ; le général D. Miguel Negrete avait cependant quitté le commandement et était retourné à Chihuahua rendre à Juarez un compte sévère de son insuccès définitif. Les environs de Parras et de Patos continuaient à être infestés par la bande de Manuel Aguirre.

Nous étions donc, on le voit, les maîtres des grands centres seulement, et il fallait recommencer, avec toutes ces bandes insaisissables, une guerre de partisans à grand renfort de longues routes rapides et de marches de nuit. C'est d'ailleurs au Mexique l'inévitable résultat de la dispersion d'une armée comme celle qu'avait réunie Negrete, résultat fatal pour le pays, mais dont la politique impérialiste s'accommodait, car on pouvait affirmer maintenant que l'armée que Juarez avait jetée sur le nord-est n'existait plus, que les villes capitales de Saltillo et de Monterey étaient rentrées sous la domination impériale, que les autorités légales y avaient été réinstallées, et que l'ordre régnait enfin (d'une façon toute apparente, bien entendu) dans les Etats de Coahuila et de Nuevo-Leon.

Au point de vue essentiellement millitaire (celui qui nous occupe ici), la contre-guerilla n'avait certes pas à se plaindre de ce nouvel état de choses. Elle était faite pour la lutte de partisans, elle excellait dans ce genre d'opérations de la petite guerre, et la situation des provinces reconquises allait lui donner bientôt l'occasion de guerroyer et de faire souvent parler d'elle.

Libre à quelques esprits sérieux, à quelques penseurs endurcis de se lamenter sur ce sempiternel état de choses au Mexique, sur ces difficultés sans cesse renaissantes, ces empêchements continuels à l'établissement de l'ordre et du pouvoir de l'empereur Maximilien ! A la contre-guerilla, on ne songe à tout cela qu'en riant dans les moments perdus, et ils sont rares ; les idées y sont tournées vers un autre but. Que devient Dario Garcia ? quand pourra-t-on enfin surprendre Trevino et donner une leçon à Escobedo ou à Cortina ? voilà les occupations de tous les instants. Battre l'ennemi, faire triompher le drapeau de la France, obliger les dissidents à respecter et à craindre la bannière de l'empire et de l'intervention, puisqu'ils se refusent à l'aimer et à l'accepter : les esprits ne voient pas au-delà dans la troupe de partisans. A chacun son lot : le nôtre n'était pas de politiquer !

Installé à Cadereyta-Jimenez le 2 juillet, le capitaine Ney paraît tout d'abord s'endormir avec son monde dans les délices de cette petite ville renommée dans la contrée pour son délicieux climat et ses fertiles environs. Le chef de partisans ne dort cependant que d'un œil : un peu comme le chat qui guette sa proie. Il a lancé ses espions, ses courriers dans le pays ; il distribue l'or aux Indiens dévoués, aux éclaireurs intelligents ; la menace et le châtiment aux alcades réfractaires ou mal intentionnés, aux partisans de l'ennemi, aux espions des chefs dissidents. Les renseignements arrivent bientôt en foule au quartier de Cadereyta.

Teran (1) a été pillé par quelques bandits, Dario Garcia est à *el Toro*, à la porte de China, Cabada inquiète Marin. Ils s'approchent tous de Cadereyta : la peur les abandonne à mesure que notre inaction continue. Elle les reprendrait bien vite, cette terrible peur, s'ils pouraient nous voir à l'affût dans le clocher de l'église de Cadereyta, transformée en citadelle, distribuant nos cartouches, fourbissant nos

(1) Bourg récemment nommé *Villa del général Teran* et anciennement appelé *la Mota*.

armes, écoutant chaque *ranchero* qui vient du dehors et interrogeant l'horizon avec nos longues vues !

Enfin l'éventail s'ouvre : trois colonnes sortent tout à coup de Cadereyta. L'escadron bleu, le 2ᵉ, part pour China sous les ordres de M. de Ezpelata ; 60 cavaliers rouges courent sur Teran et Montemorelos avec le lieutenant Isabey et 50 fantassins commandés par le lieutenant de Goltstein, partent pour Marin et Cerralvo. Le 16 juillet, le lieutenant Isabey s'empare à Teran de quelques bandits à la suite d'une battue dans les environs ; le 18 il rencontre sur la route de Montemorelos à Cadereyta, la bande de Dario Garcia embusquée, qui croit avoir raison de ce faible escadron et qui, attaquée vigoureusement, laisse presque tous ses chevaux entre nos mains et perd nombre d'hommes tués ou blessés ; le 20 enfin, après une marche de dix-huit lieues en vingt-quatre heures, le lieutenant de Goltstein surprend, au point du jour, à *Rancho-Garcia*, la bande de Salvator de la Cabada, lui tue dix-huit hommes et s'empare de vingt chevaux, de ses bagages, de ses munitions, de tout son matériel. Le lieutenant Ezpeleta seul a vainement cherché à rencontrer l'ennemi : il rentre *bredouille* après une semaine d'explorations incessantes, de jour et de nuit, dans les environs des haciendas de la Concepcion, de Santa-Ysabel, de Dolores et jusqu'auprès de China et du Capadero.

La nouvelle de ces combats valut de nouveaux éloges à la contre-guerilla tant de la part du colonel Jeanningros que du maréchal commandant en chef qui cita dans son rapport au ministre, les lieutenants Isabey et de Goltstein (1).

Ces deux succès ne nous avaient coûté qu'un homme tué, vingt quatre blessés et quelques chevaux tués, blessés ou fourbus. Nos prises nous permettaient de remplacer largement et avantageusement nos pertes en animaux et d'installer en outre, à Cadereyta, une véritable foire aux chevaux.

Nous pûmes voir, à cette occasion, la crainte qu'inspirait aux habitants les guerilleros juaristes. La plupart des chevaux pris aux combats de Montemorelos et de Rancho-Garcia avaient été enlevés aux propriétaires, aux rancheros du pays, et quelques-uns avaient pour eux une grande valeur. Ils eussent pu les acquérir de nouveau à très bas prix à la vente aux enchères que l'on organise toujours dans les colonnes françaises, après un engagement, afin de se débarrasser du butin et de répartir le prix entre les divers officiers et soldats qui ont pris part à l'action ; ils ne l'osèrent pas. Ils craignaient, nous disaient-ils, une confiscation nouvelle augmentée des plus mauvais traitements le jour, plus ou moins éloigné, où les libéraux rentreraient à Cadereyta et où ils ne manqueraient pas d'être dénoncés par leurs amis, voire même par leurs proches. Ces excellents parents se feraient ainsi un mérite de leur lâcheté auprès

(1) L'ordre du corps nomma les sous-lieutenants Perret et Truel, le maréchal-des-logis de Darigaudière (blessé), les sergents Moncomble et Marfain, le caporal Asser, les chasseurs et tirailleurs Moll, Céleste, Kougler (blessé), Ruiz (blessé), Mary, Saint-Pierre et Duclos.

des chefs républicains, gagneraient leur confiance et éviteraient peut-être le paiement de rudes contributions de guerre ! Ce détail peint les mœurs de ces malheureux Mexicains, démoralisés par la guerre civile qui règne depuis 50 ans dans leur pays. Elle a fini par y étouffer tout sentiment honnête et vrai et par transformer cette population, destinée peut-être à briller entre toutes par des mœurs douces et simples, en une société perverse, sauvage, aux sentiments avilis, aux instincts bas, cupides et souvent cruels.

## IV

Le mois d'août commençait à peine lorsque des dépêches du colonel Jeanningros , commandant la subdivision de Monterey, nous apprirent le retour vers le Nord de la troupe d'Escobedo et sa présence à Limares avec 600 fantassins, deux pièces d'artillerie et les 400 cavaliers de Trevino. Il fallait se tenir prêt à marcher au premier signal, car l'intention du chef juariste devait être de se réunir aux bandes de la frontière, à Dario Garcia, à Cortina principalement, et l'on assurait qu'il attendait des volontaires américains. Toutes ces forces réunies eussent pu alors prendre l'offensive, remporter des avantages soit sur Mejia, soit sur des détachements trop faibles de la brigade Jeanningros, et causer ainsi de nouvelles et sérieuses complications dans cette partie de l'empire. Les chefs du Tamaulipas Carbajal, Canales et Mendez ne s'entendaient heureusement pas avec Escobedo ; ils ne voulaient opérer que sur leur territoire, déjà révolutionné de nouveau, et ils désiraient continuer leurs succès récents de Tula et de Santa-Barbara, où des troupes impériales mexicaines avaient été battues. Sans ces circonstances, les forces juaristes réunies au nord-est eussent atteint dès ce moment un effectif de 3 à 4,000 hommes, et les secours plus ou moins occultes des Américains leur étaient assurés ; elles auraient assiégé et peut-être pris Matamoros où la division du général Méjia était décimée par la désertion et la maladie, sans que le colonel Jeanningros, obligé de garder Saltillo et Monterey, pùt s'y opposer (1).

Assez bien servi heureusement par ses espions et par quelques impérialistes influents et dévoués, le colonel français put suivre, pour ainsi dire pas à pas, la marche du petit corps d'Escobedo, à partir de son arrivée à Galcana. Le 3 août, le mouvement des juaristes était clairement indiqué : Montemorelos était leur point de réunion. Trevino s'y trouvait déjà avec ses quatre cents chevaux ; l'infanterie et les deux pièces d'artillerie occupaient Limares et se disposaient à aller rejoindre cette cavalerie. Dario Garcia devait probablement aussi venir opérer sa jonction dans cette petite ville de Montemorelos où les ressources abondaient et où la fête du pays avait attiré du monde et fait installer une foire. Les dissidents devaient trouver là des vivres et de l'argent. La route de China, par Teran, leur était ensuite ouverte, et la fertilité du pays, bien arrosé de ce côté, leur garantissait les ressources nécessaires pendant leur marche. De China, l'intention d'Escobedo devait être de gagner Camargo par el Toro et le Rio San-Juan. A Camargo, sur le Bravo, il trouvait Cortina

(1) On sait que Matamoras a fini par succomber au mois de juin 1866.

et les Américains, et pouvait alors entreprendre des opérations sur Matamoros et sur les districts voisins de Monterey. Il pouvait aussi, à Camargo, rallier les débris de la bande de Cabada, battue à Rancho-Garcia. Ce plan était habilement conçu, mais le peu de distance qui sépare Montemorelos de Monterey, et surtout de Cadereyta, exigeait que son exécution fût prompte. La troupe d'Escobedo était, malheureusement pour lui, un peu démoralisée par ses insuccès dans les environs de San-Luis, et elle arrivait exténuée par de longues marches à travers la Sierra de Rayones (1). Le 4 août, deux colonnes françaises se mettaient en marche à la nuit et se dirigeaient sur Montemorelos. L'une, partie de Monterey sous les ordres du commandant de La Hayrie, comptait deux cents fantassins de la légion et cent chevaux de la contre-guerilla; l'autre, sortie de Cadereyta, et que commandait le capitaine Ney, se composait d'environ cent trente tirailleurs de la contre-guerilla, d'un escadron du même corps et de deux pièces de montagne. Ces deux troupes avaient ordre de s'attendre et de se réunir auprès de Montemorelos, dans le cas où Escobedo, y ayant déjà concentré tout son monde, paraîtrait vouloir s'y défendre ; au cas contraire, la troupe du capitaine Ney, arrivant la première, devait occuper la ville pour marcher ensuite sur Linares

_______________

(1) Cette portion de la Sierra-Madre, aux environs du bourg de Rayones, offre deux passages également difficiles : l'un suit le cours du Rio-Pilon, passe à Rayones et à Boca-de-Montemorelos; l'autre suit le *Cañon* de Santa-Rosa et arrive à Linares par Hualahuises. Ce sont deux véritables sentiers de chèvres.

lorsqu'elle aurait été rejointe par la colonne La Hayrie.

Les choses se passèrent suivant cette deuxième hypothèse. Montemorelos n'était encore occupé que par la cavalerie de Trevinô, que notre présence, le 5 août, au point du jour, vint singulièrement étonner et déranger. Le chef eut le temps de se sauver avec les plus alertes de sa bande. Le premier escadron, soutenu par la troisième compagnie, en pénétrant en ville sous les ordres du capitaine de Montaut, y trouva cependant encore un peloton attardé et quelques isolés qui payèrent pour tous. Quarante-cinq juaristes tombèrent ce jour-là sous nos balles et nos sabres. Deux cavaliers français reçurent de légères blessures, et le commandant en second du corps, qui dirigeait la poursuite, essuya, à bout portant, trois coups de feu qui, par un bonheur providentiel, ne l'atteignirent pas : cinquante chevaux, des armes et des munitions en grand nombre furent les trophées de la journée.

L'ennemi s'était enfui dans la direction de Teran, mais il prit bientôt le parti de se diriger vers le sud, en suivant des sentiers écartés, pour aller opérer sa jonction avec l'infanterie d'Escobedo. Celle-ci était encore le 6 à Linares, se préparant à suivre son programme et à se diriger sur Montemorelos, lorsque son général apprit le combat du 5, la réunion des deux colonnes françaises et leur marche sur Linares.

Le 6 août, au soir, le commandant de La Hayrie

quittait en effet Montemorelos avec tout son monde, et après une marche forcée de douze heures, il entrait le 7 au matin à Linares.

L'ennemi avait précipitamment évacué ce point la veille et avait dû opérer sa jonction avec la cavalerie Trevinô à quelques lieues de là, sur la route directe de Linares à Matamoros. Le 8, on apprenait qu'ils étaient campés à l'hacienda Vaqueria, à vingt-deux lieues de nous. Les rapports des espions et de leurs courriers interceptés nous les représentaient harassés, découragés et hésitant encore sur la direction qu'ils devaient prendre.

Le cas était difficile en effet. L'hacienda Vaqueria est le dernier point habité où l'on puisse trouver quelques ressources sur cette route de Linares à Matamoros, qui rejoint celle de Monterey à Rancho-Escondido. De Vaqueria à Rancho-Escondido, il y a plus de vingt lieues de désert à traverser sans autres haltes que deux étangs où l'eau était encore rare à cette époque. Escobedo hésitait donc à s'engager sur ce chemin dangereux ; il eût préféré se jeter directement au nord et tâcher de gagner China-Teran, mais il restait alors pendant deux ou trois jours à portée de nos corps, et il savait en outre que la brigade du colonel mexicain Tinajero, qui retournait à Matamoros en suivant la route de Monterey à la mer, devait être auprès de China. Il pouvait espérer la battre ; mais il redoutait un nouvel échec. Restait la route qui, de Vaqueria, conduit à Burgos et à San-Fernando, dans le Tamaulipas. Elle offrait aussi peu de ressources et des difficultés considérables pour la marche d'un corps de troupes : des rivières profondes et dangereuses à traverser, un climat mal sain à affronter; mais elle conduisait dans un pays sûr, occupé par des forces juaristes, et Escobedo y donnait la main à Carbajal et à Canales. Y eut-il, comme nous le croyons, hésitation dans l'esprit du partisan républicain? Voulut-il laisser reposer sa troupe et attendre des nouvelles de Dario Gacia, qui observait du côté de China la marche de Tinajero? Toujours est-il qu'il resta trois jours à Vaqueria. Toutes les cataractes du ciel s'ouvrirent pendant ces trois jours; un déluge inonda la terre, grossit les rivières et détrempa horriblement les chemins.

Le 9, cependant, le temps parut se mettre un peu au beau, et le commandant français ordonna immédiatement la formation d'une colonne d'une espèce toute particulière avec laquelle il voulait, en l'espace de douze heures, atteindre Vaqueria. Tout ce qui composait cette colonne fut monté. Les chevaux des sapeurs et ceux de prise servirent à organiser une compagnie de contre-guerilleros de soixante-dix hommes, sous les ordres du lieuteuant de Goltstein. Un pareil nombre d'animaux de réquisitions fut donné à la compagnie franche de la légion étrangère, commandée par le capitaine Bœchat; quelques mulets, chargés de munitions, une ambulance mobile et les deux escadrons du capitaine Ney complétaient cette colonne plus que légère. Le capitaine Le Hir, des voltigeurs de la légion, avec tous ses hom-

mes à pied, une compagnie de la contre - guerilla,
sous les ordres du lieutenant Agniel, et les deux
pièces d'artillerie furent laissés à la garde de Linares.

On partit à la nuit, on courut pendant treize ou
quatorze heures, et, malgré la rapidité de cette marche, on fut éventé par Escobedo qui s'engagea réso-
lûment sur la route déserte de Rancho-Escondido.
Le 12 au matin, le commandant de La Hayrie ren-
trait à Linares sans avoir pu atteindre encore un ennemi habile et rusé qui lui glissait, pour ainsi dire,
entre les doigts.

Les conséquences de la marche d'Escobedo sur
Matamoros, par cette route, furent funestes au colonel Tinajero. Il se heurta contre les éclaireurs de la
colonne juariste, à Mojarritas, voulut rétrograder sur
China et de là sur Teran pour nous retrouver, mais
poursuivi et harcelé dans son mouvement de retraite,
il finit par tomber à *Passo-de-las-Cabros* dans une em-
buscade de Dario Garcia. Il se battit héroïquement,
mais une partie de sa troupe passa à l'ennemi ; il
perdit un canon et beaucoup de tués et de blessés,
entre autres le brave colonel de cavalerie Montejano.

Le commandant de La Hayrie, revenu le 14 août
à Montemorelos, y reçut, le 16, la nouvelle de cet
échec ; il partit à la hâte et parvint à rejoindre, le
17, à *Santa-Engracia*, la troupe de Tinajero que
l'ennemi avait cessé de poursuivre dès la nouvelle
de notre approche. Le 18, Mexicains et Français
couchèrent à Teran, et le 20 toute la colonne était
rentrée à Cadereyta.

Quant à Escobedo, son plan avait échoué en partie, son itinéraire avait été dérangé; il avait vu sa cavalerie surprise et battue à Montemorelos; il avait perdu nombre d'hommes dans sa marche sur Rancho-Escondido; mais il avait battu Tinajero, grâce au concours du partisan Dario Garcia, et il avait enfin pénétré dans les districts du Nord, sur les bords du Bravo-del-Norte.

## V

Les troupes françaises, rentrées dans leurs garnisons et cantonnements respectifs, y jouirent pendant quelque temps d'un repos bien acquis.

La cavalerie de la contre-guerilla en avait un besoin particulier, et le capitaine Ney, activement secondé par ses officiers, s'occupa sans relâche de réformer ses chevaux usés, d'en acheter de nouveaux et de former des cavaliers.

On engagea à ce moment et l'on incorpora dans notre cavalerie quelques Américains du Sud, anciens officiers de l'armée confédérée qui passaient le Rio-Braro, après avoir soutenu en désespérés, dans le Texas, une lutte inégale avec les troupes du Nord, et nous arrivaient tout équipés et tout montés sur de grands et bons chevaux de leur pays.

Ces officiers, qui s'enrôlaient ainsi volontairement comme simples soldats, étaient de véritables *gentlemen* rompus au métier des armes et qui firent merveille dans nos rangs. Ils faisaient partie de l'escadron bleu, celui des étrangers : une véritable tour de Babel. Des Arabes, des Espagnols, des Allemands, des Américains et quelques Français en composaient les divers pelotons. Le capitaine de cet escadron, M. de Ezpeleta, avait heureusement le don des langues ; il possédait également bien le Français et le Castillan ; il s'avait l'Anglais, et il avait rapporté d'Algérie, où il avait longtemps servi dans les spahis, un bagage d'arabe très suffisant pour se faire entendre de ses cavaliers africains, la plupart anciens turcos. Rien n'était plus curieux que de le voir distribuer la solde à ses soldats, ou surveiller à la manœuvre l'école du cavalier à pied et le maniement du sabre, le tout accompagné d'explications et de commentaires en quatre langues.

L'infanterie, l'artillerie occupaient aussi leurs loisirs en manœuvrant. On passait des revues dite de détails et on rhabillait à neuf, des pieds à la tête, grâce à l'arrivée de nos magasins, les soldats qui en avaient besoin.

Au bout de quinze jours on était prêt : plus alerte, plus dispos que jamais.

La liste des récompenses que le maréchal accordait à l'occasion du 15 août nous arriva pendant ce repos et ces occupations de garnison. La contre-guerilla n'était pas oubliée. Ce fut un nouveau stimulant pour tous ; les récompensés voulaient prouver encore qu'ils étaient dignes de leurs croix et de leurs médailles, les ajournés espéraient de nouveaux combats, de nouvelles occasions de se distinguer pour forcer enfin la main distributrice du général en chef à s'ouvrir sur leurs têtes.

Le maréchal et l'empereur devaient penser aussi au jeune chef qui commandait si habilement et si heureusement la contre-guerilla française depuis plus de quatre mois. Proposé pour le grade de chef d'escadrons après le combat d'Yerba-Buena, le capitaine Ney d'Elchingen était fait officier supérieur par décret du 13 août 1865. Il était rappelé en France pour servir au 6ᵉ régiment de hussards.

On n'entendait plus parler d'Escobedo qui réorganisait sans bruit sa brigade du côté du Mier et de Camargo avec le concours de Cortina et les secours des Américains. Cabada, Trevinô, ralliés à lui, s'étaient éloignés aussi de nos centres d'opérations. Dario Garcia seul, fier de son succès du *Passo-de-las-Cabros*, continuait à rayonner autour de China et d'el Toro et poussait quelquefois jusqu'auprès de Teran.

Dans les premiers jours de septembre, des espions apportèrent en même temps à Monterey et à Cadereyta la nouvelle de l'entrée à *Marin* et à *Lesqueria-Chica* de patrouilles juaristes, avant-garde d'une troupe considérable; elles venaient y demander de l'argent et des vivres. L'intention du général Jeanningros (1) n'était point de recommencer, à ce moment, une campagne contre Escobedo, mais il voulait du moins protéger ces districts voisins de Monterey et refouler les dissidents vers le Nord. En même temps que M. Ezpelata partait de Cadereyta pour Marin avec 100 chevaux et 40 sapeurs montés, le général y envoyait, de Monteray, l'escadron de la légion étrangère sous les ordres du capitaine Ménard

_________________

(1) Il venait d'être promu à ce nouveau grade.

de Chauglonne. L'ennemi se retira devant cette démonstration de notre cavalerie qui revint au bout de quelques jours dans ses cantonnements après avoir fait rétrograder Escobedo jusqu'à Cerralvo et Agualeguas.

Pendant que toute notre attention était fixée au Nord sur la frontière, et surtout sur Matamoros, dont nous avions peu de nouvelles et dont le sort paraissait déjà compromis à cette époque, l'audacieux Dario entrait un beau matin à Teran et à Montemorelos et y frappait des contributions. Le 20 septembre, aussitôt que cette nouvelle arrivait au commandant Ney, il ordonnait le départ. On était alors en pleine saison de pluie, et il ne se passait presque pas de jours sans que d'abondantes averses ne vinssent transformer les plaines en marécages et rendre les chemins de plus en plus impraticables. On se mit cependant en route en laissant tous les hommes malades ou faibles, ainsi que l'artillerie, dans le réduit de Cadereyta. Un soleil accablant était venu succéder aux déluges des jours précédents : l'air alourdi et chargé de vapeurs méphitiques rendait la marche atrocement pénible. Les pieds pour ainsi dire continuellement dans l'eau et dans la boue, la tête exposée aux ardeurs du soleil de midi, nos fantassins eurent cruellement à souffrir ce jour-là. Le soir, cependant, après une longue et pénible journée de treize lieues, nous arrivâmes à Teran. Nos fatigues devaient heureusement ne pas être tout à fait perdues.

L'escadron bleu, après avoir traversé le bourg au galop, atteignait l'ennemi fuyant sur la route de la Vaqueria, le poursuivait pendant près de deux lieues et lui tuait une dizaine d'hommes. Parmi les plus braves, ceux qui ne quittèrent pas la tête de la charge, on cita ce jour-là, à côté du commandant Ney, de M. de Ezpeleta, des sous-lieutenants Veyret et Lamarque, le brigadier Williams, ex-colonel d'artillerie confédérée qui, entraîné par son élan, tomba au milieu d'un groupe d'ennemis et faillit devenir victime de son excès d'audace.

L'infanterie avait eu, comme je viens de le dire, sa large part de fatigues, sinon de gloire, dans cette nouvelle expédition. Elle avait perdu un caporal, ancien et brave zouave, qui mourut d'un accès pernicieux, suite d'insolation ; plusieurs autres avaient aussi subi les effets délétères de l'action d'un soleil de plomb sur ces forêts et ces marécages inondés, et mirent quelques jours à se rétablir. Ce fut pour notre infatigable médecin, le docteur Thomas, une occasion nouvelle de déployer cette activité, ce dévouement dont il avait donné tant de preuve à la guerilla, où il servait depuis deux ans. Le trésorier, M. Verguet, déjà souffrant, vint encore nous donner à Teran de sérieuses inquiétudes : il fallut le ramener en litière et il se ressentit longtemps de ces accès de fièvres paludéennes.

Le combat de Teran fut le dernier exploit de la contre-guerilla dans l'état de Nuevo-Leon. A peine de retour à Cadereyta, il fallut abandonner cette ville amie, où nous habitions depuis plus de trois mois, et qu'une garnison mexicaine allait occuper.

Le 14 octobre nous étions à Monterey que, suivant des ordres supérieurs, on allait bientôt évacuer aussi.

Après huit jours passés à Saltillo, dans l'attente de sa nouvelle destinée, la contre-guerilla recevait l'ordre de rentrer dans les Tamaulipas en passant par Matehuala, Valle-de-Purissima et Tula; c'était la fin de notre campagne du Nord.

L'évacuation de Monterey ne fut heureusement que momentanée; le commandant de La Hayrie y rentra bientôt après deux brillants combats dans les rues de la ville et à Los-Lermas.

Quant à la contre-guerilla, elle se signala bientôt aussi par de nombreux exploits sur le théâtre de ses premières armes. La reprise de Villa-Victoria, les combats d'Horcasitas, de *Boca-del-Habra,* de Santa-Barbara marquèrent sa rentrée dans l'état de Tamaulipas. Mise d'abord sous les ordres du capitaine Jaquin, elle est aujourd'hui, de nouveau, sous le commandement de son ancien chef, de son organisateur, le colonel Du Pin.

Les adieux du commandant Ney à sa troupe, le 3 novembre, à Matehuala, furent touchants. La conduite du corps de partisans avait été pour le jeune chef un coup d'essai dans le commandement, et ce coup d'essai avait été des plus heureux. Si les contre-guerilleros avaient été l'instrument de la fortune et de la renommée militaire du duc d'Elchingen, ajoutons qu'ils avaient aussi trouvé en lui un chef excellent, courageux jusqu'à la témérité, et qui les avait conduits à la victoire autant de fois qu'il les avait menés au combat ! Le commandant Ney laissera longtemps de vifs regrets dans sa contre-guerilla, et lui-même, lorsqu'il entendra parler des exploits de la troupe avec laquelle il s'était si bien identifié, regrettera peut-être aussi ces quelques mois de campagne au nord du Mexique, à la tête des partisans français !

Nous terminerons l'histoire succincte de cette période de combats et d'opérations de la contre-guerilla française au Mexique par la copie de deux ordres laissés au corps, le premier par le général Jeanningros au moment de s'en séparer à Monterey, et le second par le commandant Ney, à Matehuala, le jour où il fit la remise de son commandement à M. de Montaut.

---

## ORDRE DE LA SUBDIVISION

La contre-guerilla française va quitter la subdivision de Monterey.

Le général commandant la subdivision, qui a eu cette troupe sous ses ordres pendant plus de six mois, n'a que des éloges à lui décerner.

Pendant la marche de nos colonnes contre l'armée de Negrete, en mai et en juin dernier, elle s'est toujours fait remarquer par sa vigueur et son entrain. C'est à elle qu'est dû le succès de Yerba-Buena, remporté sur toute l'arrière-garde ennemie.

Une fois dans la Nueva-Leon, elle a successivement battu les bandes ennemies à *Montemorelos, Rancho-Garcia* et *Teran*.

Quoique composée des éléments les plus divers, il a toujours régné dans ses rangs une discipline et un ordre parfaits.

Tous ces résultats sont dus au bon esprit qui anime les soldats, à la bonne impulsion donnée par les officiers qui les commandent, et en particulier par le commandant de cette troupe, M. le chef d'escadron Ney d'Elchingen.

*Monterey, le 15 octobre 1865.*

Le général commandant la subdivision,

Signé : JEANNINGROS.

---

## ORDRE DU CORPS (n° 62).

Rappelé en France par suite de sa nomination au grade de chef d'escadron, le commandant de la contre-guerilla laisse le commandement provisoire à M. le capitaine de Montaut-Brassac.

Au moment de quitter le corps, je viens lui faire un dernier adieu et remercier officiers, sous-officiers et soldats de leur zèle, de leur bravoure, de leur discipline. Partout où nous avons rencontré l'ennemi nous l'avons vaincu ; le bruit de vos exploits est parvenu jusqu'en France, et votre réputation ne peut que s'accroître sous les ordres de l'excellent chef qui me remplace par intérim.

Je ne vous oublierai jamais, et quand j'entendrai parler de vos combats, ce sera avec une véritable émotion et une joie bien vive.

*Matchuala, le 3 novembre 1865.*

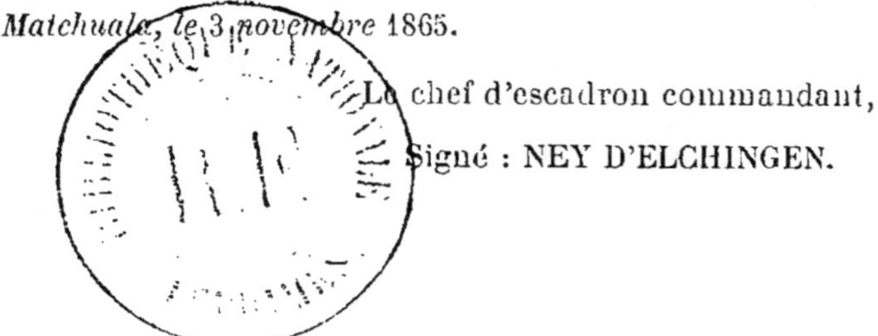

Le chef d'escadron commandant,

Signé : NEY D'ELCHINGEN.

Versailles. — Imp. E. Aubert.

150